LA MISSION
DU COMTE DE SÉGUR

DANS LA

DIX-HUITIÈME DIVISION MILITAIRE

1813-1814

PAR

A. CORNEREAU

MEMBRE DE L'ACADÉMIE DE DIJON
ET DE LA COMMISSION DES ANTIQUITÉS

DIJON

IMPRIMERIE DARANTIÈRE

65, RUE CHABOT-CHARNY, 65

1901

LA
MISSION DU COMTE DE SÉGUR

DANS LA

DIX-HUITIÈME DIVISION MILITAIRE

1813-1814

LA MISSION
DU COMTE DE SÉGUR

DANS LA

DIX-HUITIÈME DIVISION MILITAIRE

1813-1814

PAR

A. CORNEREAU

MEMBRE DE L'ACADÉMIE DE DIJON
ET DE LA COMMISSION DES ANTIQUITÉS

DIJON
IMPRIMERIE DARANTIERE
65, RUE CHABOT-CHARNY, 65

1901

LA
MISSION DU COMTE DE SÉGUR

DANS LA

DIX-HUITIÈME DIVISION MILITAIRE

1813-1814

Les 16-18 octobre 1813, la sanglante bataille de Leipzig (1) terminait d'une façon désastreuse la campagne de Saxe (2), si heureusement commencée à Lutzen (3) et à Bautzen (4).

Poursuivie par Blucher (5) et Schwarzenberg (6) l'armée française dut battre en retraite : sa seule ressource était de se retirer au plus tôt sur le Rhin.

Le 30 elle dut livrer bataille encore une fois : l'armée austro-bavaroise, forte d'environ 60.000 hommes, sous le commandement du général de Wrede (7), s'était placée en avant de Hanau (8), dans la forêt de Lamboy, pour intercepter la route de Mayence (9).

Repoussée avec des pertes considérables (10), elle dut se retirer, et laisser l'armée française continuer son mouvement de retraite sur Mayence, où elle entrait le 4 novembre.

Pendant que nos malheureux soldats prenaient

1*

quelques jours de repos dont ils avaient le plus grand besoin, l'empereur, dès le 7, partait pour Paris afin d'organiser une nouvelle et dernière campagne. L'armée qu'il venait de ramener sur le Rhin était dans l'état le plus déplorable. Réduite à 60.000 hommes épuisés de fatigue et à peine en état de combattre, elle était suivie d'une masse de traînards, sans armes, sans vêtements, portant avec eux les germes du typhus qu'ils communiquaient à tous les pays où ils s'arrêtaient.

La garde de 40.000 hommes, dit Thiers, était réduite à 10.000. Les corps d'Oudinot (11) (le 12e), de Reynier (12) (le 7e), d'Augereau (13) (le 16e), de Bertrand (14) (le 4e), successivement réunis en un seul, sous le général Morand (15), ne présentaient pas 12.000 combattants le jour de leur entrée à Mayence, qu'ils étaient chargés de défendre. Les corps de Marmont (16) et de Ney (17) (les 6e et 3e), destinés sous le maréchal Marmont à garder le Rhin de Manheim (18) à Coblentz (19) ne comptaient pas 8.000 hommes sous les armes. Le 2e sous Victor (20) avait tout au plus 5.000 soldats pour couvrir le haut Rhin de Strasbourg (21) à Bâle. Les corps de Mac-Donald (22) et de Lauriston (23) (11e et 5e) réunis sous le maréchal Mac-Donald et dirigés sur le bas Rhin n'avaient pas 9.000 hommes valides pour disputer le cours de ce grand fleuve de Coblentz à Arnheim. La cavalerie française formée en 4 corps, mal montée ou à pied, n'aurait pas pu présenter 10.000 cavaliers en état de combattre.

C'était, ajoute l'historien, presque une seconde retraite de Russie, avec cette différence qu'il restait environ 60.000 combattants sous les armes et qu'au lieu de nous retirer sur l'Allemagne exaspérée, nous nous retirions sur la France, où nous trouvions enfin la patrie, mais la patrie épuisée et désolée.

La situation n'était guère plus satisfaisante ailleurs et il ne fallait plus compter sur les 190.000 hommes laissés en arrière dans toutes les places fortes de l'Oder (24), de la Vistule (25) et de l'Elbe (26). Napoléon avait espéré, en conservant ces forteresses, se replacer en une seule bataille dans son ancienne position, mais ces troupes isolées et séparées du reste de l'armée étaient fatalement obligées de capituler les unes après les autres (27).

A l'intérieur l'état moral du pays était plus désolant encore que son état matériel. L'armée murmurait hautement quoiqu'elle fût toujours prête, en présence de l'ennemi, à soutenir l'honneur des armes : la nation entière irritée par cette longue période de guerres, ne croyant plus au génie de Napoléon, était dans le plus grand abattement en face de l'immensité des masses ennemies qui s'approchaient et de l'affreux péril dont elle était menacée.

Rien en effet ne semblait pouvoir les arrêter : l'empereur avait tant songé à la conquête et si peu à la défense que le sol de l'empire était presque entièrement découvert : les arsenaux étaient vides ; les approvisionnements de siège manquaient et le personnel des places fortes tout à fait insuffisant.

Les gouvernements étrangers soupçonnaient l'état de la France, mais ne le connaissaient pas tout entier, aussi les armées coalisées étaient disposées à s'arrêter sur le Rhin et à entamer des préliminaires de paix.

Les souverains réunis à Francfort chargèrent M. de Saint-Aignan (28), ancien ministre de France à Weimar (29) et beau-frère de M. de Caulaincourt (30), de se rendre auprès de Napoléon et de lui suggérer l'idée d'un congrès qui se réunirait immédiatement sur la frontière et traiterait de la paix sur la double base des limites naturelles pour la France et d'une indépendance complète pour toutes les nations.

Arrivé le 11 novembre à Mayence, et à Paris le 14, il se rendit aussitôt près de M. de Bassano (31), qui remit son message à l'empereur.

Sa réponse ne se fit point attendre : dès le surlendemain 16, il l'envoyait au maréchal Marmont, qui commandait à Mayence, avec ordre de la faire parvenir à Francfort. Il fixait Manheim comme lieu de réunion du futur congrès, mais les termes de la réponse laissaient bien voir qu'il ne désirait pas la paix. Il comprenait qu'elle était nécessaire et s'imposait, mais il ne croyait pas pouvoir obtenir des conditions acceptables sans une dernière lutte acharnée, soutenue sur la frontière et même en deçà, aussi, dès son retour à Paris, avait-il commencé les préparatifs nécessaires pour une dernière campagne.

Dès le mois d'octobre, et avant même la bataille de Leipzig, il avait chargé Marie-Louise de se rendre au Sénat, afin d'obtenir la conscription de 1815, qui devait fournir 160.000 conscrits et, en outre, une levée extraordinaire de 120.000 hommes sur les classes de 1812, 1813 et 1814 déjà libérées.

Il faut combattre encore une fois, disait-il à ceux qui conseillaient la paix, combattre en désespérés et si nous sommes vainqueurs, alors nous devrons, sans aucun doute, nous hâter de conclure la paix, et dans ce cas, soyez-en sûrs, je m'y prêterai avec empressement.

Le 7 novembre, un premier décret avait créé cinq légions de gardes nationales dans les départements du Doubs, du Jura, de l'Ain, de la Côte-d'Or et de Saône-et-Loire. Elles devaient se former immédiatement et se tenir prêtes à se porter sur la frontière aux points qui leur seraient assignés (32).

Pour faire face aux dépenses de la nouvelle campagne, il fallait de toute nécessité recourir à l'impôt, les budgets s'étaient élevés depuis quelques années de 750 à 1400 millions : toutes les caisses de l'Etat étaient vides, et il ne restait plus d'autres ressources que la réserve particulière de la couronne. Il fut décidé en conseil qu'une imposition de 0,30 centimes serait ajoutée à la contribution foncière de 1813, que la contribution mobilière serait doublée et que le versement de ces sommes serait exigé en novembre, décembre et janvier. On y ajouta une augmentation d'un cinquième sur l'impôt du sel et d'un dixième sur les contributions indirectes.

Le corps législatif était convoqué pour le 2 décembre, mais il était douteux qu'il acceptât sans discussion ces nouveaux impôts, et consentît à voter la loi les autorisant. Sous prétexte de gagner du temps, l'empereur ordonna par un simple décret la levée de ces centimes extraordinaires et la réunion du corps législatif fut prorogée au 19 décembre.

Quelques jours après, le 15 novembre, se fondant sur l'urgence des circonstances, il faisait rendre par le Sénat un sénatus-consulte autorisant la levée de 300.000 hommes sur les classes déjà libérées en remontant de 1813 à 1803, en outre des 280.000 dont l'appel avait été décrété au mois d'octobre (33).

La réponse donnée par l'empereur le 16 novembre n'avait point satisfait les puissances alliées : elles comprenaient bien que tout en acceptant l'idée d'un congrès, il ne ratifierait pas toutes les conditions qui devaient lui être présentées : les préparatifs avaient été faits avec la plus grande activité, et lorsque Napoléon, sur les instances de M. de Caulaincourt, se décida, le 2 décembre, à accepter les propositions faites à Francfort, il était trop tard ; les dispositions étaient changées, les alliés ne désiraient plus faire la paix : la guerre devenait inévitable.

En présence de la situation qui semblait désespérée, l'empereur, tout en pressant l'achèvement de ses préparatifs, résolut de communiquer au Sénat et au corps législatif, convoqués pour le 19 décembre, toutes les pièces diplomatiques relatives aux négociations de Francfort.

Rien ne s'oppose de ma part au rétablissement de la paix, disait-il à l'ouverture de la séance ; je connais et je partage tous les sentiments des Français : je dis Français, parce qu'il n'en est aucun qui désirât la paix au prix de l'honneur.

Vous êtes les organes naturels de ce trône, ajoutait-il, c'est à vous de donner l'exemple d'une énergie qui recommande notre génération aux générations futures ; qu'elles ne disent pas de nous : ils ont sacrifié les premiers intérêts du pays ! ils ont reconnu les lois que l'Angleterre a cherché en vain pendant quatre siècles à imposer à la France.

Mes peuples ne peuvent pas craindre que la politique de leur empereur trahisse jamais la gloire nationale. De mon côté, j'ai la confiance que les Français seront constamment dignes d'eux et de moi.

Le 22 décembre, le Sénat nomma une commission composée de MM. de Fontanes (34), de Talleyrand (35), de Saint-Marsau (36), de Barbé-

Marbois (37) et de Beurnonville (38). Sans être
tout à fait dévoués à l'empereur, ils étaient inca-
pables de la moindre imprudence et ne pouvaient
être ni hostiles ni complaisants.

Cinq jours après, le 27 décembre, le comte de
Fontanes exposait la situation au Sénat : il con-
cluait à la nécessité absolue de la paix, mais il
demandait en même temps de hâter les préparatifs militaires, afin de soutenir les négociations
qui allaient s'ouvrir, et qui, selon lui, devaient
aboutir à une paix que l'empereur désirait même
au prix des plus grands sacrifices.

La commission nommée par le corps législatif
, et composée de MM. Lainé (39), Raynouard (40),
Maine de Biran (41), de Flaugergues (42) et Gallois (43) était loin d'être animée des mêmes sentiments.

Le rapport lu par M. Lainé le 29 décembre au
corps législatif assemblé en comité secret blâmait
hautement la politique et les actes du gouvernement. L'archichancelier Cambacérès (44),
quoique jugeant très fondées les observations de
la commission, fut alarmé de l'effet que produi-
rait le rapport sur l'Europe et en particulier sur
Napoléon : il réussit à obtenir quelques atténua-
tions, et cependant dès qu'il en eut connaissance,
l'empereur en fut profondément irrité et dans un
conseil de gouvernement convoqué immédiatement et auquel assistaient les ministres et les

grands dignitaires, il manifesta son dessein de proroger le corps législatif.

L'archichancelier combattit cette proposition avec sa sagesse et sa prudence ordinaires, mais ne put empêcher son exécution. Le 31 décembre, l'ajournement était décrété : en même temps, ordre était donné au duc de Rovigo (45) de faire enlever à l'imprimerie et ailleurs les copies du rapport de M. Lainé.

A défaut des pouvoirs publics trop peu pressés de le servir à son gré, l'empereur choisit dans le Sénat des commissaires extraordinaires pour les envoyer dans leurs provinces, où ils étaient supposés avoir de l'influence, pour y employer leur autorité à faciliter la levée de la conscription, la rentrée des impôts, les prestations en nature, l'instruction et l'organisation des corps, le départ des gardes nationales, l'action enfin du gouvernement en toutes choses (46).

Je ne crains pas de l'avouer, leur dit-il avant leur départ, j'ai trop fait la guerre ; j'avais formé d'immenses projets, je voulais assurer à la France l'empire du monde ! Je me trompais, ces projets n'étaient pas proportionnés à la force numérique de notre population. Il aurait fallu l'appeler tout entière aux armes, et je le reconnais, les progrès de l'état social, l'adoucissement même des mœurs, ne permettent pas de convertir toute une nation en un peuple de soldats. Je dois expier le tort d'avoir trop compté sur ma fortune, et je l'expierai. Je ferai la paix, je la ferai telle

que la commandent les circonstances, et cette paix ne sera
mortifiante que pour moi. C'est à moi qui me suis trompé,
c'est à moi de souffrir, ce n'est point à la France. Elle n'a
pas commis d'erreur, elle m'a prodigué son sang, elle ne
m'a refusé aucun sacrifice ! Qu'elle ait donc la gloire de mes
entreprises, qu'elle l'ait tout entière, je la lui laisse...
Quant à moi, je ne me réserve que l'honneur de montrer
un courage bien difficile, celui de renoncer à la plus
grande ambition qui fut jamais, et de sacrifier au bonheur
de mon peuple des vues de grandeur qui ne pourraient
s'accomplir que par des efforts que je ne veux plus de-
mander. Partez donc, messieurs, annoncez à vos départements que je vais conclure la paix, que je ne réclame plus
le sang des Français pour mes projets pour moi, comme
on se plaît à le dire, mais pour la France et pour l'inté-
grité de ses frontières : que je leur demande uniquement
le moyen de rejeter l'ennemi hors du territoire, que
l'Alsace, la Franche-Comté, la Navarre, le Béarn sont
envahis, que j'appelle les Français au secours des Français ;
que je veux traiter, mais sur la frontière et non au sein de
nos provinces désolées par un essaim de barbares. Je serai
avec eux général et soldat. Partez, et portez à la France
l'expression vraie des sentiments qui m'animent.

Ces nobles et admirables paroles étaient pro-
noncées trop tard : le 21 décembre, deux jours
seulement après la mémorable séance du 19,
l'invasion commençait. Suivant le plan adopté
d'avance, Schwartzemberg, violant la neutralité
du territoire suisse, passait le Rhin à Bâle et se
dirigeait sur Belfort à la tête des Bavarois : les
Autrichiens se portant sur Berne et Genève tra-

versaient le Jura et marchaient sur Besançon et Dôle : dans le même moment, Blücher, après avoir passé le Rhin entre Mayence et Coblentz, s'avançait pour les rejoindre avec les Badois et les Wurtembergeois.

Craignant par-dessus tout le soulèvement de la population, les coalisés, en entrant en France, mirent un soin extrême à rassurer les esprits et à répéter partout qu'ils faisaient la guerre à Napoléon et non à la France. Ils n'avaient qu'un but, disaient-ils, c'était de rétablir la paix en Europe (47).

La France devait bien voir par la suite qu'il n'en était rien, et que les souverains alliés se vengeaient sur elle des défaites que l'empereur leur avait fait subir.

Le comte de Ségur (48), grand maître des cérémonies, avait été envoyé dans la 18e division militaire qui comprenait les départements de l'Aube, de la Haute-Marne, de l'Yonne, de la Côte-d'Or et de Saône-et-Loire.

Son rapport, que nous reproduisons ci-après, montre combien la France était dénuée de toutes ressources, au moment où s'ouvrait cette campagne qui devait porter dans l'histoire le nom de première campagne de France.

RÉCIT SUCCINCT DE MA MISSION DANS LA 18ᵉ DIVISION

Je suis parti de Paris, selon les ordres de Sa Majesté, le 30 décembre et je suis arrivé le lendemain à Troyes.

J'y ai trouvé de l'inquiétude, on y croyait que Sa Majesté ne voulait pas la paix et que 160.000 hommes marchaient directement de Basle sur Paris.

J'ai rassuré, détrompé les esprits, j'ai inspiré la confiance et relevé le courage en promettant l'arrivée des troupes et des armes dont on était dénué, et en faisant connaître avec évidence les intentions pacifiques de l'empereur et la fausseté des proclamations de ses ennemis (49).

Dans ce département la conscription, les impositions, la remonte, les levées de gardes nationales se faisaient bien et sans murmure, mais on était écrasé par le passage des prisonniers et le manque de travail des ouvriers.

Je me suis rendu trois jours après à Chaumont (50) ; la ville était dans l'abattement, on y apprenait la prise de Vesoul, on croyait voir arriver l'ennemi, on n'avait pour toutes forces que 25 dragons dont 23 devaient partir pour Joinville, j'empêchai ce départ, j'ordonnai la levée en masse, l'armement des gardes champêtres et forestiers. Je promis si l'on montrait du courage une prompte paix et des secours prochains. Les remontes n'étaient pas avancées, le pays manquant de chevaux, mais les impositions et les conscriptions étaient au courant.

Le 5 janvier, je passai à Langres sans escorte et au risque très probable d'être pris. Je trouvai Langres dans la stupeur, désolée plus que Chaumont par la mortalité qu'occasionnait la fièvre nerveuse. La garde nationale était décidée à ne point se battre de peur d'irriter l'ennemi ; elle ne voulait pas même obéir pour escorter les prisonniers qu'on renvoyait au centre de l'empire. Je parlai très sévèrement au sous-préfet, au maire, au commandant de la garde ; je leur dis qu'ils pouvaient, étant sans troupes, céder à une colonne ennemie, mais qu'ils ne devaient pas avec leur forte et importante position se laisser insulter par un parti, je les menaçai de l'indignation de la garde impériale qui devait incessamment arriver et qui les traiterait en lâches, s'ils étaient pris par quelques partisans : ils promirent de tirer si l'arrivée de notre armée était réelle et prochaine.

Le même jour j'arrivai tard à Dijon, on y était consterné et sans moyens ni désir de défense. Le bas peuple espérait le désordre, les anciens par-

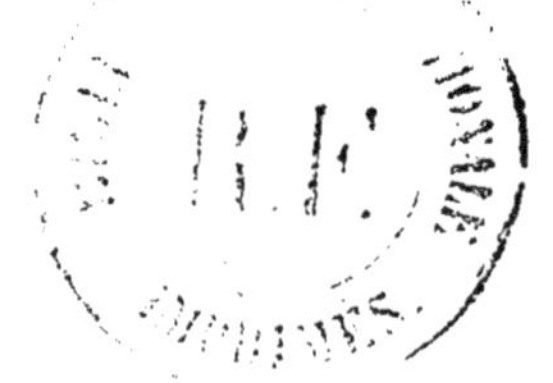

lementaires désiraient l'ennemi, les marchands avaient peur, enlevaient leur enseigne et cachaient tout (51).

La garde nationale qui devait être de 1800 hommes n'avait que 180 hommes armés, elle était irrévocablement déterminée à ne point se battre de peur des vengeances de l'ennemi sur la ville. Le maire partageait cette crainte de l'ennemi et comme il savait qu'autrefois il y avait eu un maire de Dijon pendu, il craignait le même malheur et paralysait toutes nos opérations dans la crainte de mécontenter le peuple (52).

. Auxonne avait pour garnison 2000 hommes dont 1500 armés, mais cette forteresse était démantelée et sans provisions. Le général de division Belair (53) y avait placé le général Vaux (54) et n'avait à Dijon que 161 hommes armés. La ville était encombrée de 2000 prisonniers espagnols, allemands et anglais.

Au reste les impositions, les remontes et les conscriptions y allaient à merveille grâce au caractère liant et ferme du préfet (55).

On apprit dans ces circonstances le blocus de Besançon, la prise de Dôle et l'occupation entière de la Haute-Saône, du Doubs, du Jura et de l'Ain par un corps de 25 à 30.000 hommes qui cernait Besançon et répandait dans ces quatre départements de nombreux partis qui ne trouvaient partout ni troupes, ni fusils, ni résistance.

Je fus dès lors convaincu de l'impossibilité de défendre Dijon, ville ouverte, en plaine, ceinte d'un simple mur à 7 lieues de la Saône d'un côté et à 12 de l'autre : mais je voulus essayer de retarder sa perte afin de faire gagner du temps à notre armée, d'en faire perdre à l'ennemi et de replâtrer et ravitailler Auxonne (56), de gagner le moment où nos troupes annoncées arriveraient à Langres et d'inspirer aux habitants de Chalon, de Tournus et de Mâcon, dont la position et l'esprit étaient plus favorables, le désir et le courage de se défendre.

Je pris à la garde nationale 60 fusils, et les donnai ainsi que les fusils du lycée et quelques fusils restés à l'hôtel de ville et réparés, à des conscrits ; je réunis 100 hommes des gardes départementales de la Côte-d'Or, du Jura, du Doubs et de la Haute-Saône et leurs gendarmes, et je fis ainsi un petit corps d'environ 460 à 500 hommes : je le fis mouvoir sur tant de points différents que l'ennemi nous crut plus forts que nous n'étions et n'osa pas risquer des partis qui nous auraient facilement enlevés. J'armai 30 gardes forestiers, 30 employés des droits réunis ; quelques communes voisines de la Saône promirent de prendre les armes et coupèrent leurs ponts. Mais les ennemis, maîtres de celui de Gray, où Valence (57) s'était porté avec 60 hommes et d'où il avait été poursuivi si vivement par 500, qu'il aurait été pris, si ma petite troupe n'était pas venue le sauver à 2 lieues de Dijon. Cependant Auxonne se raccommodait un peu et s'approvisionnait. Le général Vaux nommé pour opérer la levée en masse vint à Dijon et laissa dans Auxonne le major Ruplin, homme ferme et déterminé. Mes proclamations, mes entretiens, mes menaces, mes promesses avaient un peu ranimé la confiance des Dijonnais et changé leur esprit. J'envoyai M. Pastoret (58) à Chalon, j'écrivis aux habitants, je leur montrai combien, ayant un fleuve et deux ponts devant eux et des montagnes derrière, ils devaient peu redouter les partis ennemis. Je leur envoyai de la poudre et non des canons, parce qu'à Auxonne on n'avait juste que le nombre de boulets nécessaire à une courte défense. Mais les montagnards du Charolais amenèrent aux Chalonais trois pièces de canon du Creusot avec des munitions. Je leur fis couper leurs ponts : deux ou trois partisans ennemis vinrent les attaquer, ils les repoussèrent à coups de fusil. Ce succès les enflamma ainsi que ceux de Tournus : les habitants de Mâcon, sourds à mes exhortations, se révoltèrent contre le préfet, le forcèrent à fuir et présentèrent aux ennemis les clefs de leur ville et des couronnes de laurier. Les habitants de Chalon et de Tournus, indignés, reprirent cette ville quelque temps après sous les ordres du général Legrand de Mercey (59) et du brave Chantré. J'ordonnai à Autun d'envoyer des gardes nationales à Chalon et je fis prendre et punir un homme qui avait prêché la sédition dans une des communes de cet arrondissement.

La ville d'Auxonne fut reconnue par un détachement de 400 hommes d'infanterie ; la garnison tira quelques coups de canon, fit une sortie et les chassa à coups de fusil.

Enfin le 9 jànvier, la garde impériale arriva à Langres une heure après que cette ville avait été sommée et attaquée par 200 hommes que la garde nationale repoussa (60).

On croyait le corps du duc de Trévise (61) arrivé à Langres de 18 à 20.000 hommes ; je pensai qu'il allait se porter sur Gray et Vesoul et nous délivrer ; cette joie fut courte. Il y eut trois combats près de la ville où l'ennemi perdit 5 à 600 hommes. Mais le maréchal n'avança pas, ce qui me fit douter de sa force.

Nous lui envoyâmes 12 canons d'Auxonne mais sans boulets, parce que nous n'en avions pas. et c'est ce qui nous empêchait d'en placer à Dijon et devant les ponts coupés de la Saône. Cependant l'armée de Belfort s'avançait sur Langres, les troupes qui cernaient Besançon y marchaient aussi : le maréchal me fit dire que, voyant 24.000 hommes venir sur lui et n'ayant que 6000 hommes, il ne pouvait m'envoyer de secours, ni marcher en avant, et qu'il ferait même sa retraite s'il était cerné par Bourbonne et dans le cas où il ne lui arriverait pas les secours qu'il espérait.

Cependant je croyais encore que les ennemis ne s'occuperaient que de Langres et nous oublieraient quelque temps. Ils avaient fait une faible tentative le 16 pour faire rétablir les ponts et nous les avions repoussés en leur enlevant un détachement de 24 dragons.

J'allais profiter le 17 de ce calme momentané pour faire une tournée. Ce même jour tout change. Le général Belair m'apprit, le 17 au soir, que les ennemis faisaient un grand mouvement et pressaient leurs opérations. Selon tous ses rapports, 4000 hommes s'étaient avancés sur nous à 4 lieues à Mirebeau, près du chemin de Gray : 1500 hommes s'étaient portés à Talmay : un autre corps avait pris la poudrerie de Vonges, rétabli nos ponts coupés, et coupé notre communication avec Auxonne : 600 hommes s'étaient portés à 3 lieues de nous à notre gauche, et que tout annonçait une attaque générale, que la défense n'était pas possible et que nous n'avions que le temps d'évacuer, ce qui était urgent. Il signa et moi j'ordonnai l'évacuation de toutes les autorités administratives et leur transport à Semur (62).

J'oubliais de dire que notre communication avec Langres était coupée et que les ennemis nous avaient pris ce même jour un convoi de poudre que nous y envoyons et 30 hommes qui l'escortaient. L'évacuation se fit le 18 et je partis pour Auxerre. Le 19, la ville de Dijon fut sommée par un officier : elle répondit qu'elle n'ouvrirait ses portes qu'à des colonnes et 3 ou 4000 hommes y entrèrent : leur cavalerie, pendant ce temps, occupait tous les villages des environs (63).

Ainsi fut pris Dijon qui était sans troupes et qui avait fait perdre près de 15 jours à l'ennemi.

NOTES

(1) Leipzig, ville de l'Allemagne Centrale, au confluent de la Pleisse et de la Parthe avec la Weisse-Elster, affluent droit de la Saale, eut beaucoup à souffrir de la terrible bataille qui porte son nom : le centre de l'action était au village de Probstheyda, à 5 kilomètres de Leipzig.

« En trois jours, dit Thiers, plus de quarante mille Français, plus de soixante mille Allemands et Russes furent atteints par le feu ! Ah, disons-le bien haut, en présence de cet horrible carnage, la guerre, quand elle n'est pas absolumeut nécessaire, n'est qu'une criminelle folie. »

(2) La Saxe, royaume de l'Allemagne Centrale, est située entre la Silésie, la Bohême et la Bavière. Elevé à la dignité royale, et admis dans la Confédération du Rhin, par le traité de Posen, du 11 décembre 1806, l'électeur Frédéric-Auguste fit avec la France les campagnes de 1809 et de 1812, mais l'abandonna après la retraite de Russie. En 1813, les troupes saxonnes se joignirent de nouveau à l'armée française, mais à la bataille de Leipzig, 30.000 Saxons passèrent à l'ennemi et tournèrent leurs 60 bouches à feu contre leurs alliés du matin.

Démembré en 1815, le royaume de Saxe dut adhérer à la Confédération germanique : il fait aujourd'hui partie de l'empire d'Allemagne.

(3) Lutzen, ville de la province de Saxe, sur l'Elster, a donné son nom à la bataille du 2 mai 1813, livrée près du petit village de Grossgorschen.

(4) Bautzen, ville de la province de Saxe, sur la droite de la

Sprée, fut le théâtre de la bataille des 20-21 mai 1813. Napoléon battit complètement les forces réunies de la Russie et de la Prusse.

(5) Blucker (Gebhart-Lebrecht de) naquit à Rostock, dans le duché de Mecklenbourg-Schwerin, le 16 décembre 1742. Engagé en 1757 au service de la Suède, il passa en 1760 à celui de la Prusse. Capitaine en 1773, il dut donner sa démission qui fut acceptée par Frédéric en ces termes : « *Le capitaine Blucker est congédié et peut aller au diable.* » A la mort du grand Frédéric, il reprit du service et devint colonel en 1790, lieutenant-général en 1801 et gouverneur de Munster en 1803.

Nommé en 1813 au commandement de l'armée de Silésie, il fit la campagne de Saxe, prit part à la bataille de Leipzig, à la suite de laquelle il fut créé feld-maréchal, et fit les campagnes de 1814 et 1815, où l'armée placée sous ses ordres se signala par les désordres de tous genres. Il mourut à Kriellowitz le 12 septembre 1819.

(6) Schwarzenberg (Charles-Philippe, prince de) naquit à Vienne le 15 avril 1771 et entra au service à l'âge de 17 ans. Colonel en 1794, général en 1796, lieutenant-général en 1801, il prit part aux campagnes de 1805 et 1809.

Chargé en 1812 du commandement du corps de 30.000 hommes que l'Autriche s'était engagée à donner à la France, il fut créé feld-maréchal, sur la demande de Napoléon. Nommé en 1813 au commandement en chef de toutes les troupes alliées, il fit la campagne de 1815. Retiré à Vienne, il devint président du Conseil aulique de guerre et mourut le 15 octobre 1820, à l'âge de 48 ans.

(7) De Wrède (Charles-Philippe-Joseph), né à Heidelberg, le 29 avril 1767, mort le 12 décembre 1838, commanda de 1805 à 1813 les troupes que la Bavière fournit à la France. Créé comte de l'empire le 14 février 1810, et grand-officier de la Légion d'honneur, il devint feld-maréchal après la défection de la Bavière qu'il représenta au congrès de Vienne. Créé prince le 9 juin 1814, par le roi de Bavière, il fut nommé en 1822 généralissime de l'armée bavaroise.

Armes : *d'or à la guirlande de cinq roses au naturel tigées et feuillées de sinople au franc-quartier* des comtes militaires.

(8) Hanau, ville de la province de Hesse-Nassau, sur la rive droite du Mein, affluent droit du Rhin, a son confluent avec la Kinzig.

(9) Mayence, ville du grand-duché de Hesse, sur la rive gauche du Rhin, en face de son confluent avec le Meir. En 1797, elle devint

le chef-lieu du département du Mont-Tonnerre et fit retour à la Prusse en 1814.

(10) Les dispositions prises par le général de Wrède étaient des plus défectueuses : « *Pauvre de Wréde*, dit Napoléon, *j'ai pu le faire comte, mais je n'ai pu le faire général.* »

Les pertes de l'ennemi s'élevèrent à 10 à 11.000 hommes le premier jour, à 1500 à 2000 le second. Les canons, dit le maréchal Gérard, roulaient dans une boue de chair humaine.

(11) Oudinot (Nicolas-Charles-Marie), né à Bar-le-Duc le 25 avril 1767, mort à Paris le 13 septembre 1847, fils de Jean-Nicolas Oudinot et de Marie-Anne Adam, épousa, le 15 septembre 1789, Françoise-Charles Derlin et en second mariage, le 19 janvier 1812, Marie-Charlotte-Eugénie-Julienne de Coucy.

Engagé en 1784, maréchal de l'empire le 12 juillet 1809, grand croix de la Légion d'honneur, il fut créé comte le 2 juillet 1808 et duc de Reggio le 14 avril 1810. Ministre d'état et pair de France sous la Restauration, il devint grand chancelier de la Légion d'honneur en 1839 et gouverneur des Invalides en 1842.

Armes : *parti au I de gueules à trois casques tarés de profil d'argent 2 et 1 : au II d'argent au lion de gueules tenant de la patte dextre une grenade enflammée de gueules; au chef brochant* des ducs de l'empire.

(12) Reynier (Jean-Louis-Ebenezer), né à Lausanne le 14 janvier 1771, mort à Paris le 25 juin 1814, épousa Marie-Lovely-Rolland de Chambaudoin. Engagé en 1792, général de division, grand officier de la Légion d'honneur, il fut créé comte le 25 mai 1811.

Armes : *d'or à trois pals d'azur, à la bande de gueules brochante, chargée d'une étoile à six rais d'argent traversée d'une épée la pointe basse, du même, posée dans le sens de la bande au franc quartier brochant* des comtes militaires.

(13) Augereau (Pierre-François-Charles), né à Paris le 11 novembre 1757, mort au château de la Houssaye (Seine-et-Marne), le 12 juin 1816, épousa Joséphine-Gabrielle Gracht et en second mariage le 23 février 1809, Adélaïde-Joséphine Bourlon de Chavanges. Engagé volontaire à l'armée du Midi, général en 1794, maréchal de France le 19 mai 1804, grand officier de la Légion d'honneur, il fut créé duc de Castiglione le 26 avril 1808.

Armes : *d'azur à un lion léopardé d'or, lampassé et couronné de même, au chef* des ducs de l'empire.

(14) Bertrand (Henri-Gratien), né à Châteauroux le 28 mars 1773,

mort le 31 janvier 1844, fils de Henri Bertrand, maître particulier des eaux et forêts et de Marie-Antoinette Boucher, épousa Fanny-Elisabeth-Marie Dillon. Général de division, grand maréchal du palais, il fut créé comte le 24 septembre 1808. Toujours fidèle à Napoléon, il le suivit à l'île d'Elbe et à Sainte-Hélène, d'où il revint après avoir recueilli son dernier soupir.

Armes : *écartelé au I des comtes militaires; au II d'or à une ombre de soleil rayonnant d'azur ; au III d'or au palmier de sinople issant de la pointe et fruité du champ, trois fruits à dextre, trois fruits à senestre, posés 2-1 ; au IV d'azur à un créquier d'or.*

(15) Morand (Charles-Antoine-Louis-Alexis), né à Pontarlier, le 4 juin 1774, mort à Paris le 2 septembre 1835, fils de François-Alexis Morand, conseiller à la Cour de Besançon et de Jeanne-Claudine Roussel, épousa, le 10 janvier 1808, Emilie, comtesse Parys. Général de division le 25 décembre 1806, pair de France, grand croix de la Légion d'honneur, il fut créé comte le 22 juin 1808.

Armes : *d'azur à cinq cotices d'argent au franc-quartier brochant* des comtes militaires.

(16) Viesse de Marmont (Auguste-Frédéric-Louis), né à Châtillon-sur-Seine le 20 juillet 1774, mort à Venise le 2 mars 1852, fils de Nicolas-Edme Viesse de Marmont, seigneur de Sainte-Colombe, capitaine au régiment de Hainaut-Infanterie et de Clotilde-Hélène-Victoire Chappron, épousa, le 12 avril 1798, Anne-Marie-Hortense Perregaux. Maréchal de l'empire le 12 juillet 1809, pair de France, ministre d'Etat, grand officier de la Légion d'honneur, il fut créé duc de Raguse le 28 juin 1808.

Armes : *écartelé aux I et IV d'argent à trois bandes de gueules ; au II d'or à l'étendard de gueules bâtonné posé en bande et chargé d'une croix d'argent; au III parti d'azur à la croix de Lorraine d'or et de gueules à l'épée flamboyante d'argent, posée en pal au chef brochant* des ducs de l'empire.

(17) Ney (Michel), né à Sarrelouis le 10 janvier 1759, épousa Aglaë-Louise Auguié. Engagé en 1787, maréchal de l'empire le 19 mai 1804, grand-aigle de la Légion d'honneur, il fut créé duc d'Elchingen en mai 1808 et prince de la Moskova le 25 mars 1813. Pair de France sous la Restauration et envoyé le 8 mars 1815 pour arrêter la marche de Napoléon à son retour de l'île d'Elbe, il se joignit à lui. Arrêté en Auvergne et traduit devant la Cour des pairs, il fut condamné à mort et fusillé le 7 décembre 1815.

Armes : *d'or à l'écusson d'azur chargé d'une orle du même et accosté de deux mains tenant des badelaires et adossées de sable, à la bordure d'azur et au chef brochant* des ducs de l'empire.

(18) Mannheim, ville du grand duché de Bade, au confluent du Neckar et du Rhin.

(19) Coblentz, capitale de la province du Rhin sur la rive gauche de ce fleuve, au confluent de la Moselle. Prise par l'armée française en 1794, elle devint le chef-lieu du département de Rhin-et-Moselle et fut rendue à la Prusse en 1815.

(20) Perrin (Claude-Victor, dit Victor), né à Lamarche (Vosges) le 7 décembre 1764, mort à Paris le 1er mars 1841, fils de Charles Perrin, huissier royal et de Marie Floriot, épousa, le 16 mai 1791, Jeanne-Marie-Joséphine Muguet. Divorcé en 1802, il épousa, en mai 1803, Wilhelmine-Julienne Vosch de Avesaët. Maréchal de l'empire le 5 juillet 1807, grand croix de la Légion d'honneur, il fut créé duc de Bellune le 10 septembre 1808. Pair de France sous la Restauration, il fut ministre de la guerre de 1821 à 1823.

Armes : *parti au I d'azur au dextrochère armé de toutes pièces d'argent, le brassard cloué et orné d'or, tenant une épée d'argent, montée d'or et mouvant du flanc senestre au II d'or au lion de sable, à la fasce de gueules brochant sur le tout au chef des ducs de l'empire brochant sur le parti.*

(21) Strasbourg, chef-lieu du département du Bas-Rhin, devenu, depuis la malheureuse guerre de 1870-1871, la capitale de l'Alsace-Lorraine. Bloquée sans résultat en 1814 et 1815 par les armées coalisées, la ville fut assiégée du 8 août au 28 septembre 1870. Le général Ulrich, avec une garnison de 20.000 hommes, tint tête à 90.000 Badois et Bavarois commandés par le général de Werder, mais il dut capituler après un bombardement d'un mois qui avait détruit la plus grande partie de la ville.

(22) Mac-Donald (Jacques-Etienne-Joseph-Alexandre), né à Sedan le 17 novembre 1765, mort au château de Courcelles-le-Roi (Loiret), le 25 septembre 1840, fils de Niel Mac-Donald de Clauranald et de Flora Mac-Donald, épousa, le 5 mai 1791, Marie-Constance Jacob, en second mariage le 26 juin 1802, Félicité-Françoise de Montholon et le 25 septembre 1821, Ernestine-Thérèse-Gasparine de Bourgoing.

Maréchal de l'empire le 7 juillet 1809, il fut créé duc de Tarente le 9 décembre 1809, devint pair de France sous la Restauration et grand chancelier de la Légion d'honneur de 1816 à 1831.

Armes : *écartelé au I, d'argent, au lion de gueules; au II, d'or au dextrochère armé de gueules, tenant une croix de calvaire, re-*

croiselée et fichée du même ; au III, d'or à la galerie de sable, pavillonnée et girouettée de gueules ; au IV, de sinople au saumon nageant d'argent ; au chef brochant des ducs de l'empire.

(23) Law de Lauriston (Jean-Alexandre-Bernard), né à Pondichéry le 1er février 1765, mort à Paris le 11 juin 1828, fils de Jean Law, baron de Lauriston, maréchal de camp et de Jeanne Carvalho, petit-fils du financier Law, épousa, en 1789, Claudine-Antoinette-Julie Le Duc.

Général de division en 1804, grand croix de la Légion d'honneur, ambassadeur à Saint-Pétersbourg en 1811, il fut créé comte de l'empire le 29 juin 1808. Pair de France à la Restauration, il devint ministre d'Etat en 1823, et maréchal de France le 6 juin de la même année.

Armes : *d'hermines à la barre de gueules accostée de deux coqs contournés d'azur, au franc-quartier* des comtes militaires.

(24) L'Oder, fleuve d'Allemagne, tributaire de la mer Baltique, prend sa source au nord de la Moravie (Autriche). Navigable depuis Ratibor dans la Haute-Silésie, mais d'une façon régulière depuis Breslau seulement, il a un cours de 864 kilomètres.

(25) La Vistule, fleuve de l'Europe Centrale, tributaire de la mer Baltique, prend sa source dans la Galicie (Austro-Hongrie) sur le versant septentrional des Beskides, rameau des Carpathes : il a un cours de 1125 kilomètres.

(26) L'Elbe prend sa source dans les Riesen-Gebirge, à la limite de la Bohême et de la Silésie ; navigable depuis Schandau, il se jette dans la mer du Nord après un parcours de 1100 kilomètres.

(27) 3000 hommes étaient restés à Modlin ; 3000 à Zamosc ; 28.000 à Dantzig ; 8000 à Glogau ; 4000 à Kustrin ; 12.000 à Stettin ; 30.000 à Dresde ; 26.000 à Torgau ; 3000 à Wittemberg ; 25.000 à Magdebourg ; 40.000 à Hambourg ; 6000 à Erfurt ; 2000 à Wurzbourg. Après la bataille de Leipzig, Napoléon avait envoyé des ordres dans ces différentes places, mais il était presque impossible d'espérer qu'ils arriveraient en temps utile, et que ces troupes pourraient rentrer en France.

(28) Rousseau de Saint-Aignan (Nicolas-Auguste-Marie), né à Nantes le 8 mars 1770, mort à Paris le 21 mai 1858, fils de Louis Rousseau, seigneur de Saint-Aignan et de Louise de Pontual, épousa Augustine-Amicie de Caulaincourt. Aide-de-camp puis écuyer de l'empereur, ministre plénipotentiaire, il fut créé baron le 31 décembre 1809. Pair de France sous la Restauration, il fut

député de la Loire-Inférieure de 1820 à 1824 et de 1829 à 1834.

Armes : *d'azur à la fasce d'or, accompagnée en chef de deux têtes de lion arrachées de même, et en pointe de trois besants aussi d'or 2 et 1 au franc-quartier* des barons militaires.

(29) Weimar, capitale du grand duché de Saxe-Weimar, sur la rive gauche de l'Ilm.

(30) De Caulaincourt (Armand-Louis-Augustin), né à Caulaincourt (Aisne) le 19 décembre 1772, mort à Paris le 17 février 1827, fils de Gabriel-Louis de Caulaincourt et de Joséphine-Augustine-Renée de Baraudier de la Chaussée d'Eu, épousa, en 1814, Adrienne-Hervé-Louise Carbonnel de Canisy. Ministre des affaires étrangères en 1813, il fut créé duc de Vicence le 7 juin 1808 et grand officier de la Légion d'honneur. Il devint pair de France le 2 juin 1815.

Armes : *coupé de sable et d'or ; le second chargé d'un sauvage de gueules, appuyé sur une massue de sable, tenant sur le poing dextre un coq du même : au chef des ducs de l'empire.*

(31) Maret (Hugues-Bernard), né à Dijon le 22 juillet 1763, mort à Paris le 13 mai 1839, épousa, le 21 mai 1824, Marie-Madeleine Lejeas. Ministre et secrétaire d'Etat, grand officier de la Légion d'honneur, il fut créé duc de Bassano le 3 mai 1809.

Armes : *tiercé en pal : d'or, de gueules et d'argent ; coupé de gueules à la main ailée d'or, écrivant avec une épée d'argent, au franc-quartier des comtes ministres : au chef des ducs de l'empire brochant sur le tout : d'argent à la colonne de granit sommée d'une couronne civique de chêne, au naturel, et accostée de deux lions, la queue fourchée affrontés et contre rampants de gueules.*

(32) Ce décret signé par Marie-Louise au palais de Saint-Cloud, ordonnait la formation de trois cohortes urbaines de 1000 hommes chacune, distribués en sept compagnies : elles devaient être formées dans les 24 heures de la réception du décret, pour faire le service de la place de Bosançon.

En outre il devait être formé dans les cinq départements indiqués cinq légions de six cohortes chacune ; chaque cohorte comprenait quatre compagnies de 150 hommes.

(33) 150.000 hommes devaient partir de suite, les autres devaient être prêts à partir si la frontière était envahie.

(34) De Fontanes (Jean-Pierre-Louis), né à Niort le 6 mars 1757, mort à Paris le 17 mars 1821, épousa Marie-Geneviève-Faustine-Chantale Cathelin. Président du corps législatif, sénateur, pair de

France, il fut créé comte en mai 1808 et marquis par ordonnance royale en 1817.

Armes : *de sable à la fontaine d'argent posée sur une terrasse du même, au comble d'or chargé de trois pommes de pin d'azur : au franc-quartier* des comtes présidents du corps législatif.

(35) De Talleyrand-Périgord (Charles-Maurice), né à Paris le 2 février 1754, mort dans la même ville le 20 mai 1838, fils de Charles-Daniel, comte de Talleyrand-Périgord, lieutenant-général et d'Alexandrine-Marie-Victoire-Eléonore de Damas d'Antigny, évêque d'Autun, épousa, après sa sécularisation par bref pontifical du 29 juin 1802, le 10 septembre suivant, à Paris, Catherine-Noël-Worlhee.

Ministre des affaires étrangères, grand-chambellan de l'empereur, grand-croix de la Légion d'honneur, il fut créé prince-duc de Bénévent le 5 juin 1806.

Armes : *parti : au I, de gueules à trois lions rampants, armés et couronnés d'or ; au II, d'or au sanglier passant de sable, chargé sur le dos d'une housse d'argent ; au chef d'azur brochant sur l'eau et chargé d'une aigle d'or, les ailes étendues empiétant un foudr du même.*

(36) Le marquis de Saint-Marsau, originaire de Turin, s'attacha à Bonaparte après l'incorporation du Piémont à la France. Ambassadeur à Berlin en 1813, il dut revenir à Paris et fut nommé sénateur. Après le congrès de Vienne, il devint ministre de la guerre du roi de Sardaigne.

(37) Barbé de Marbois (François), né à Metz le 31 janvier 1745, mort le 24 janvier 1837, épousa, le 17 janvier 1784, Elisabeth Moore. Ministre du Trésor public, premier président de la Cour des Comptes, sénateur, grand officier de la Légion d'honneur, il fut créé comte le 28 avril 1813 et marquis par ordonnance royale du 31 août 1817.

Armes : *de gueules au cheval cabré d'or, chargé d'une fasce d'argent à trois étoiles de gueules, adextré en chef d'un canton d'azur à trois bandes d'or ; au franc-quartier* des comtes sénateurs brochant sur le canton.

(38) Riel de Beurnouville (Pierre), né à Champignolle (Aube) le 10 mai 1752, mort à Paris le 23 avril 1821, épousa, en 1779, Geneviève-Gillot l'Etang, et en juin 1805, après avoir divorcé, Félicité-Louise-Julie-Constance de Durfort. Ministre de la guerre en 1793, sénateur le 1er février 1805, maréchal de France le 3 juil-

let 1816, grand croix de la Légion d'honneur, il fut créé comte en
1808 et plus tard par lettres royales du 6 mars 1815.

Armes de l'Empire : *Parti : au I, d'or à une ancre bouclée de
sable ; au II d'argent à la bande d'azur, et à une épée d'argent,
la poignée d'or, posée en pal, brochant sur le tout ; au franc quartier brochant* des comtes sénateurs.

Armes de la Restauration : *Écartelé ; au 1er et 4° d'azur au lion
couronné d'or, armé, lampassé et couronné de gueules, la queue
fourchée et passée en sautoir et tenant une épée haute d'argent gar-
nie d'or ; au 2° et 3e d'argent à la bande d'azur.*

(39) Lainé (Joseph-Henri-Joachin Ilostein), né à Bordeaux le
11 novembre 1767, fut élu au corps législatif, en 1808, par le département de la Gironde, et devint en 1818 ministre de l'Intérieur.

(40) Raynouard (François-Just-Marie), né à Brignoles (Var), le
18 septembre 1751, mort à Passy-Paris le 27 octobre 1836, fut
député du Var de 1806 à 1815.

(41) Maine de Biran (Pierre-François-Marie Gontier), né à Grate-
loup (Dordogne), le 20 novembre 1766, mort à Paris le 28 juillet 1824,
fils de Guillaume Gontier de Biran, conseiller, lieutenant général au
présidial de Bergerac, épousa Louise Fournier et en second mariage
Louise-Anne Favareilhe.

Député au conseil des Cinq-Cents et au Corps législatif de 1813 à
1823, il fut anobli par ordonnance royale du 6 septembre 1814.

(42) Flaugergues (Pierre-François) avocat puis sous-préfet de
Villefranche, devint sénateur le 6 janvier 1813.

(43) Gallois (Jean-Antoine Cauvin), membre du tribunat en 1799,
en devint président en mai 1802, et passa ensuite au corps législatif jusqu'en 1815.

(44) Cambacérès (Jean-Jacques Régis), né à Montpellier le 18 octobre 1753, fils de Jean-Antoine de Cambacérès, conseiller à la
cour des comptes de Montpellier, remplissait en 1789 les mêmes
fonctions que son père. Député en 1791, président de la Con-
vention, second consul, grand-aigle de la Légion d'honneur, il fut
créé prince duc de Parme le 24 avril 1808 : archi-chancelier de
l'empire, il devint pair de France le 20 juin 1815, et mourut à
Paris le 8 mars 1824.

Armes : *d'or à un dextrochère au naturel paré de gueules, re-
brassé d'hermines, mouvant de senestre tenant les tables de la loi
de sable, le tout accompagné de trois losanges aussi de sable au
chef* des ducs de l'empire.

(45) Savary (Anne-Jean-Marie-René), né à Marq (Ardennes), le 26 avril 1774, mort à Paris le 2 juin 1833, fils de Pons Savary, seigneur de Marq et de Victoire Loth du Saussay, épousa, le 27 février 1802, Marie-Charlotte-Félicité de Faudoas-Barbazan Ségneuville. Engagé en 1790, général de division le 31 janvier 1805, grand aigle de la Légion d'honneur, ministre de la police de 1810 à 1814, il fut créé duc de Rovigo en mai 1808.

Armes : *d'azur au chevron d'or accompagné en chef de deux molettes d'éperon d'argent, et en pointe, d'un sabre de cavalerie d'argent, posé en pal, au chef* des ducs de l'empire.

(46) Au palais des Tuileries, le 26 décembre 1813,

Napoléon, Empereur des Français, roi d'Italie, protecteur de la Confédération du Rhin, médiateur de la Confédération suisse... etc.

Nous avons décrété et décrétons ce qui suit :

Art. 1er. — Il sera envoyé des sénateurs ou conseillers d'état dans les divisions militaires, en qualité de nos commissaires extraordinaires. Ils seront accompagnés de maîtres des requêtes ou d'auditeurs.

Art. 2 — Nos commissaires extraordinaires sont chargés d'accélérer :

1° Les levées de la conscription.

2° L'habillement, l'équipement et l'armement des troupes.

3° Le complètement de l'approvisionnement des places.

4° La rentrée des chevaux requis pour le service de l'armée.

5° La levée et l'organisation des gardes nationales conformément à nos décrets.

Nos dits commissaires extraordinaires pourront étendre les dispositions des dits décrets aux villes et places qui n'y sont pas comprises.

Art. 3 — Ceux de nos dits commissaires extraordinaires qui seront envoyés dans les pays que menacerait l'ennemi, ordonneront les levées en masse et toutes autres mesures quelconques, nécessaires à la défense du territoire et commandées par le devoir de s'opposer aux progrès de l'ennemi.

Au surplus il leur sera donné des instructions spéciales à raison de la situation particulière des départements où ils seront en mission.

Art. 4 — Nos commissaires extraordinaires sont autorisés à ordonner toutes les mesures de haute police qu'exigeront les circonstances et le maintien de l'ordre public.

Art. 5. — Ils sont pareillement autorisés à former des commissions militaires et à traduire devant elles ou devant les cours spéciales, toutes personnes prévenues de favoriser l'ennemi, d'être d'intelligence avec lui, ou d'attenter à la tranquillité publique.

Art. 6. — Ils pourront faire des proclamations et prendre des arrêtés. Les dits arrêtés seront obligatoires pour tous les citoyens. Les autorités judiciaires, civiles et militaires seront tenues de s'y conformer et de les faire exécuter.

Art. 7. — Nos commissaires extraordinaires correspondront avec nos ministres pour les objets relatifs à chaque ministère.

Art. 8. — Ils jouiront, dans leurs qualités respectives, des honneurs qui leur sont attribués par nos règlements.

Art. 9. — Nos ministres sont chargés de l'exécution du présent décret, qui sera inséré au Bulletin des lois.

NAPOLÉON,

Par l'Empereur,
Le ministre secrétaire d'Etat,
Signé : LE DUC DE BASSANO.

Par un autre décret du 20 décembre, M. le comte de Ségur, sénateur, a été nommé commissaire extraordinaire dans la 18° division militaire, à Dijon : il sera accompagné par M. Le Chapelier, auditeur au Conseil d'Etat.

(47) Le prince de Schwarzenberg fit précéder les troupes de la coalition de la proclamation suivante :

« Français !

« La victoire a conduit les armées alliées sur votre frontière, elles vont la franchir.

« Nous ne faisons pas la guerre à la France ; mais nous repoussons loin de nous le joug que votre gouvernement voulait imposer à nos pays, qui ont les mêmes droits à l'indépendance et au bonheur que le vôtre.

« Magistrats, propriétaires, cultivateurs, restez chez vous ! le maintien de l'ordre public, le respect pour les propriétés particulières, la discipline la plus sévère, marqueront le passage des armées alliées. Elles ne sont animées de nul esprit de vengeance ; elles ne veulent point rendre les maux sans nombre dont la France depuis vingt ans a accablé ses voisins et les contrées les plus éloignées. D'autres principes et d'autres vues que celles qui ont conduit vos armées chez nous président aux conseils des monarques alliés.

« Leur gloire sera d'avoir amené la fin la plus prompte des malheurs de l'Europe. La seule conquête qu'ils envient est celle de la paix pour la France, et pour l'Europe entière un véritable état de repos. Nous espérions le trouver avant de toucher au territoire français : nous allons l'y chercher.

« Au quartier général de Loerach, le 21 décembre 1813.

« Le Maréchal prince de SCHWARZENBERG,

« Commandant en chef la grande armée alliée. »

(48) De Ségur (Louis-Philippe), né à Paris le 10 septembre 1753, mort le 27 août 1830, fils de Philippe-Henri, marquis de Ségur, maréchal de France et de Louise-Anne-Madeleine de Vernon, épousa, le 30 avril 1777, Antoinette-Elisabeth-Marie d'Aguesseau.

. Maréchal de camp en 1791, grand maître des cérémonies, sénateur, grand aigle de la Légion d'honneur, il fut créé comte de l'empire le 8 mai 1808.

Armes : *écartelé au* 1er *des comtes conseillers d'Etat ; aux* 2e *et* 3e *de gueules au lion d'or ; au* 4e *d'argent plein.*

(49) Proclamation du comte de Ségur, aux habitants du département de l'Aube.

« Messieurs,

« La France désire la paix ; le monde entier en a besoin ; l'empereur la veut et vous en jouirez bientôt, si, au moment où l'ennemi osera envahir vos frontières vous *continuez à montrer, en vrais français, le bon esprit, le zèle et le courage qui vous ont en tout temps distingués.*

« L'empereur m'envoie au milieu de vous pour vous dire d'importantes vérités, et pour vous parler de vos plus chers intérêts.

« Sa Majesté connaît les maux que vous avez soufferts, les pertes que vous avez faites : son cœur en a gémi.

« Elle avait des projets plus vastes pour votre gloire et votre prospérité : l'inconstance des éléments et celle de ses alliés ont empêché l'accomplissement de ses grands desseins.

« L'empereur préfère le bonheur du peuple à une gloire trop coûteuse. Il a donc renoncé à tout projet d'agrandissement ; il a consenti à des sacrifices pénibles pour lui comme pour nous ; enfin, il a accepté des conditions de paix que lui proposaient les alliés.

« Vous jouiriez donc déjà de cette paix souhaitée, si ces mêmes ennemis n'avaient pas voulu la retarder encore. Ils diffèrent de signer un traité dont ils ont eux-mêmes posé les bases ; et pendant ce délai, ils cherchent par des insinuations perfides à vous faire douter des intentions pacifiques de Sa Majesté !

« Aucun Français ne peut être trompé par eux. L'empereur a déclaré au Sénat, au Corps législatif, en face de l'univers, qu'il veut la paix, et qu'il sent comme monarque et comme père, tout ce que la paix ajoute à la sécurité des trônes et à celle des familles.

« Il a déclaré solennellement qu'il acceptait toutes les conditions que proposaient les alliés ; et cependant ces mêmes ennemis retardent la conclusion de cette paix à laquelle Sa Majesté a consenti ! Non seulement ils continuent les hostilités, mais ils violent le territoire d'un état neutre : ils entrent en France ; ils menacent les départements qui vous avoisinent !

« L'empereur, à la tête de ses armées, va s'avancer pour les combattre, s'ils diffèrent plus longtemps la signature d'un traité qu'eux seuls retardent sans motif.

« Français, l'ennemi est entré en France ! Vous sentez ce que l'honneur et la patrie attendent de vous ! Vous serez fidèles à leurs voix !

« Si, jusqu'au moment où votre armée va s'avancer, vous prenez l'attitude fière qui convient à un grand peuple, si vous organisez rapidement vos gardes nationales, comme vous l'avez déjà commencé, vous verrez bientôt l'ennemi s'arrêter dans sa téméraire entreprise. Il ne sera pas assez insensé pour oser pénétrer au milieu d'une nation qui se lève et qui s'arme pour l'arrêter.

« Déjà l'avant-garde d'un de nos corps a fait reculer ces étrangers qui comptaient sur le pillage et qui n'ont rencontré que la mort !

« Déjà ils tremblent de s'engager plus loin dans une contrée belliqueuse où ils trouveraient en tout homme un ennemi, et à chaque pas un combat. Leur imagination s'effraye en pensant que devant eux, sur leurs flancs et derrière eux, vos gardes nationales, les entourant de tous côtés, les priveraient promptement et de subsistance et de tout espoir de retour. Ils savent que si vous sacrifiez tout ce qui est hors de vos limites, vous ne vous soumettriez jamais à leur livrer votre propre territoire.

« Aussi cherchent-ils moins à vous combattre qu'à vous séduire.

« Ils voudraient vivre pendant quelque temps aux dépens d'une partie de vos frontières. Ils n'étendraient leurs pillages qu'aux lieux où leur feinte modération trouverait des dupes ou des bras désarmés.

« Eh ! qui pourrait croire à leurs proclamations et à leurs perfides promesses ?

« Ils ont promis aux Suisses, dont ils violaient le territoire, de les traiter en amis, et ils viennent de mettre de fortes contributions à Bâle.

« Il faudrait bien, s'ils s'avançaient, qu'ils s'emparassent de vos vins, de vos blés, de vos troupeaux, des produits de vos fabriques, de votre industrie ! Ils les paieraient le premier jour avec de l'argent, le deuxième jour avec du papier, et ensuite par des violences et des outrages !

« Mais ils ne pourront ni vous effrayer, ni vous tromper.

« Habitants du département de l'Aube, la plus grande tranquillité règne parmi vous ; vos administrateurs jouissent de votre confiance et sont satisfaits de votre conduite. Vous venez de donner à l'armée les bras qui lui étaient nécessaires ; vous fournissez les chevaux qu'on vous demande ; l'Empereur sent l'étendue de ces sacrifices, et veut que ces sacrifices soient les derniers !

« La garde nationale, dont on vient d'ordonner la formation, n'a d'autre objet que de défendre vos propres foyers, que de maintenir le bon ordre de vos cités populeuses.

« En vous quittant pour me rendre dans les départements plus près de nos frontières et plus menacés par l'ennemi, je vous le répète avec une pleine confiance, le danger dont on aurait voulu vous effrayer n'est rien, si vous le voulez ; c'est un nuage que grossit l'imagination, et que le courage dissipe.

« Montrez-vous debout et prêts à vous armer ! L'Empereur, à la tête de ses braves soldats, approche, et vous aurez bientôt une paix solide qui vous dédommagera et vous récompensera de tous vos généreux sacrifices. Mais songez bien que, puisque les ennemis diffèrent encore la paix qu'ils ont proposée, le seul moyen de l'obtenir promptement, c'est de vous présenter à eux dans l'attitude de la force et de la fierté. S. M. vient de dire elle-même au Sénat : *A l'aspect de tout ce peuple en armes, l'étranger fuira ou signera la paix sur les bases qu'il a lui-même proposées : il n'est plus question de recouvrer les conquètes que nous avons faites.*

« Le Comte de Ségur.

« Et sera la présente proclamation imprimée, publiée et affichée dans toutes les communes de ce département.

« Troyes, le 1er janvier 1814. »

(50) Le Comte de Ségur arriva à Chaumont le 3 janvier à 6 heures du soir et le lendemain il adressait aux habitants de la Haute-Marne une proclamation conçue dans les mêmes termes que celle qu'il avait fait publier à Troyes, mais elles ne produisirent sur la population qu'une impression médiocre et plutôt défavorable que salutaire.

(51) Aux habitants du département de la Côte-d'Or.

« Messieurs,

« L'Empereur m'a ordonné de me rendre au milieu de vous. Il veut, dans cette circonstance, que je vous fasse connaitre ses intentions et ses sentiments.

« Sa Majesté désire la paix ; vous en avez besoin ; elle est nécessaire au monde entier.

« Vos privations, vos pertes, vos sacrifices sont connus de l'Empereur ; il en souffre autant que vous.

« Renonçant aux vastes projets qu'il avait formés pour étendre votre puissance et votre commerce il a sacrifié son amour-propre, et peut être le vôtre, à votre bonheur.

« Ce héros qui avait toujours été vainqueur, même dans ses retraites, et qui n'a éprouvé de revers que par le bouleversement des éléments et la perfidie de ses alliés accepte la paix et toutes les conditions que lui ont proposées les ennemis.

« Il part cependant pour se mettre à la tête d'une puissante armée qui semble devoir lui promettre de nouveaux triomphes, et c'est au moment où vous venez de lui donner tant de forces, qu'il renouvelle solennellement l'offre de consentir au traité dont ses ennemis ont posé les bases.

« Mais ces ennemis en retardent la signature sous de vains prétextes, dans l'espoir, pendant ces délais, de vivre aux dépens de la partie de vos frontières que] la neutralité des Suisses devait faire regarder comme inattaquable.

« Vous connaissez à présent toutes les pensées et tous les sentiments de l'Empereur. Il a déclaré à la face de l'univers qu'il acceptait la paix, et les ennemis sont entrés en France.

« Français, les ennemis en France ! Ce mot seul doit vous tracer tous vos devoirs !

« Quelques partisans et quelques troupes légères (car malgré les faux bruits, on n'a point encore vu leurs colonnes) répandent l'alarme dans le département qui vous avoisine, et ont peut-être jeté quelque inquiétude parmi vous.

« Avant de me rendre ici, j'ai voulu connaître mieux le péril dont on vous dit menacés. J'ai parcouru un des départements les plus exposés à leurs incursions, et partout je me suis assuré que les ennemis n'avaient porté leurs déprédations que dans les lieux où ils trouvent des esprits effrayés et des âmes timides.

« Leur tentative en Alsace n'a été suivie, ni de gloire ni de succès. A leur approche, tout le peuple s'est armé, et ils ont fui devant les fusils de nos guerriers, les sabres de nos gardes nationales, et les fourches des cultivateurs.

« Mais partout ailleurs où ils ont trouvé un accès facile, leurs paroles ont promis la modération, et leurs mains n'ont exercé que le pillage.

« Habitants de la Côte-d'Or ! ne laissez pas quelques faibles partisans vous faire ces outrages que de fortes colonnes devraient à peine oser tenter. Ne croyez pas qu'une armée pénètre au centre du pays dont les habitants sont décidés à leur ôter tout espoir de retraite.

« L'armée du Rhin grossit à chaque instant. L'armée de l'Empereur et sa redoutable garde seront sous peu de jours à vos portes. Les armes vont vous arriver de tous côtés.

« Tout doit vous rassurer, tout doit vous donner l'espoir de voir terminer promptement par une paix durable, et vos inquiétudes et vos sacrifices.

« Obéissez à vos administrateurs avec le même zèle ; ils méritent votre confiance et jouissent de toute celle de S. M.

« Prenez l'attitude fière qui convient à un grand peuple au moment du danger, et ce danger s'évanouira ; rien ne vous manquera, si vous ne vous manquez pas à vous-mêmes !

« L'Empereur veut la paix autant que vous la souhaitez, mais votre courage seul peut en hâter la conclusion.

« Ces sacrifices, les efforts que vous faites seront les derniers ;

c'est l'intention de S. M. ; mais il faut, pour remplir ce but paternel, que votre énergie et votre courage répondent à ses vœux.

« LE COMTE DE SÉGUR.

« *Par son Excellence,*

« L'auditeur au Conseil d'Etat,

« Attaché à la Commission extraordinaire,

« A. DE PASTORET. »

(52) Durande (Claude-Joseph), né à Dijon le 20 janvier 1764, mort à Cluny le 10 février 1835, fils de Jean-François Durande et de Claudine Tyran, épousa, à Esbarres (Côte-d'Or), le 23 novembre 1790, Pierrette Petit, fille de Claude et de Marie Journet.

Docteur en médecine, maire de Dijon, il fut créé baron le 7 janvier 1814 et par ordonnance royale le 16 avril 1825.

Armes : *Parti, au 1er d'or à la tour crenelee de sable maçonnée et ouverte d'argent, à la bordure d'azur : au 2 d'argent au chevron de sinople : accompagné en chef de deux branches d'olivier de sinople, et en pointe d'une verge de sable, accolée d'un serpent de sinople à la champagne de gueules chargée du signe des chevaliers légionnaires soutenant le parti.*

(53) Liger-Belair (Louis), né à Vandeuvre le 11 juillet 1772, mort à Vosne-Romanée le 4 décembre 1835, général de division en 1811, grand officier de la Légion d'honneur, baron le 10 février 1809, vicomte par ordonnance royale du 29 juin 1819, fut créé comte le 12 avril 1823.

Armes : *d'azur au chevron d'or, accompagné en chef à dextre de trois étoiles à six rais d'argent, et en pointe d'un coq passant d'or, crêté de gueules, au franc-quartier des barons militaires.*

(54) Veaux (Antoine-Joseph) né à Seurre le 10 septembre 1764, mort à Dijon le 24 septembre 1817, fils d'Antoine Veaux, notaire royal et de Françoise Berger, épousa, le 19 avril 1801, Françoise-Julienne Merle. Engagé en 1785, général le 18 mars 1797, lieutenant général le 22 mars 1815, commandeur de la Légion d'honneur, il fut créé baron le 28 janvier 1809.

Armes : *Coupé, au I, parti d'azur à deux étoiles d'or posées en bande et des barons militaires : au II d'or à une pyramide de sable, ouverte et maçonnée du même, senestrée d'un palmier de sinople.*

(55) De Cossé-Brissac (Augustin-Marie-Paul-Pétronille), né à

Paris le 13 janvier 1775, mort le 8 avril 1848, fils d'Hyacinthe-Hugues Timoléon de Cossé-Brissac, sénateur, et de Marie-Louise-Antoinette-Charlotte-Françoise-Constance de Wignacourt, épousa le 14 septembre 1795, Elisabeth-Louise de Malide et en second mariage, en avril 1828, Augustine de Brac-Signy.

Créé comte le 20 février 1812, il fut préfet de la Côte-d'Or le 1er mai suivant et nommé pair de France le 4 juin 1814.

Armes : *Coupé : au 1er parti, de sable à un lion rampant d'argent lampassé de gueules* et des barons préfets ; *au 2e de sable à trois feuilles de scie* (pour *fasces denchées à leur partie inférieure*) d'or posées en fasce.

(56) Le préfet adressa un appel tout spécial, le 9 janvier, aux militaires en retraite du département pour faire le service de la place d'Auxonne et plus particulièrement de l'artillerie.

(57) Timbrune Thiembrone (de) (Jean-Baptiste-Cyrus-Marie-Adélaïde), comte de Valence, né à Agen le 22 septembre 1757, mort à Paris le 4 février 1822, fils de Vincent-Sylvestre de Timbrune-Thiembrone, comte de Valence, marquis de Ferrières et de Marie-Louise de Losse, épousa, le 3 juin 1784, Edmée-Nicole-Pulcherie Brulart de Genlis.

Capitaine en 1788, général de division le 20 août 1792, sénateur le 1er février 1805, il fut créé comte le 8 mai 1808 et fut pair de France du 4 juin 1814 au 2 juin 1815, et le 24 novembre 1819.

Armes : *de gueules à huit drapeaux d'or, écussonnés et cravatés de sable ; au comble parti de deux traits formant trois quartiers :* (A) des comtes sénateurs ; (B) *d'or à une houppe de grenadier de gueules ;* (C) *d'azur à une barre d'or accompagnée de deux lys terrassés d'argent.*

Les armes anciennes de la famille de Valence, originaire de Picardie, étaient : *d'azur à la bande d'or, accompagnée de deux fleurs de lys d'or, une en chef, une en pointe.*

Le comte de Valence avait été envoyé dans la 6e division militaire en qualité de commissaire extraordinaire. Il arriva à Dijon le 13 janvier, après avoir cherché à organiser la défense, mais l'invasion l'obligea à se replier de Besançon sur Gray et Mirebeau.

(58) Pastoret (Claude-Emmanuel-Joseph-Pierre), né à Marseille le 24 décembre 1755, mort à Paris le 20 septembre 1840, fils de Jean-Baptiste Pastoret, lieutenant de l'Amirauté de Marseille et de Marguerite-Thérèse Graille, épousa le 14 juillet 1789 Adélaïde-Anne-Louise Piscatory.

Conseiller à la Cour des Aides à Paris en 1789, député au conseil des Cinq-Cents, sénateur le 14 décembre 1809, il fut créé comte le 9 janvier 1810.

Chancelier de France et ministre d'Etat de 1826 à 1829, il fut créé marquis le 9 août 1818. Il était membre de l'Institut et grand croix de la Légion d'honneur.

Armes : *d'or à la barre de gueules, chargée d'un berger paissant un mouton d'argent, à la champagne de gueules chargée du signe* des chevaliers.

(59) Legrand (Etienne), né à Pont-de-Vaux, le 17 mars 1755, mort à Paris le 11 mai 1828, général de brigade en 1793, commandeur de la Légion d'honneur, fut créé baron de Mercey, le 15 juin 1808.

Armes : *Coupé : au 1er parti d'azur au casque taré en fasce d'or et* des barons militaires : *au 2e d'azur à la tour crenelée de quatre pièces d'or, accompagnée de quatre étoiles du même, posées en pal, deux à dextre, deux à senestre.*

(60) Le 9 janvier un parlementaire vint à Langres faire sommation à la ville de se rendre au lieutenant-colonel comte de Thury, commandant un détachement bavarois. La garde nationale fit une sortie et repoussa l'ennemi : l'arrivée de deux escadrons de la garde ne put empêcher la capitulation qui fut signée le 17 janvier.

(61) Mortier (Edouard-Adolphe-Casimir-Joseph), né au Cateau-Cambrésis le 13 février 1768, mort à Paris le 28 juillet 1835, fils d'Antoine-Charles-Joseph Mortier et de Marie-Anne-Joseph Bonnaire, épousa, le 26 janvier 1799, Anne-Eve Himnes.

Engagé en 1792, maréchal de l'empire le 10 mai 1804, il fut créé duc de Trévise le 2 juillet 1808. Pair de France sous la restauration, député du Nord en 1816, il fut grand croix de la Légion d'honneur et aide de camp du roi Louis-Philippe.

Armes : *Ecartelé : aux 1er et 4e d'or à la tête de cheval de sable, celle du 1er quartier contournée : au 2e d'azur au dextrochère d'or, armé de toutes pièces, et tenant une épée d'argent : au 3e d'azur au senestrochère d'or armé de toutes pièces et tenant une épée d'argent : au chef des ducs de l'empire, brochant sur l'écartelé.*

(62)   Dijon, 17 janvier 1844.

« Monsieur le Maire,

« Des circonstances pénibles m'obligent de quitter momentané-

ment Dijon. Ce n'est pas sans un vif sentiment de douleur que je
me sépare des habitants de cette ville qui m'ont dans toutes les
circonstances donné des preuves de bienveillance et d'attachement.
Quoique éloigné d'eux, je n'en serai pas moins occupé de leurs intérêts et dès qu'il me sera permis de venir les rejoindre je leur
consacrerai avec le même zèle mon temps et mes soins. J'éprouve
une consolation en songeant qu'ils continueront à jouir de votre
administration paternelle et que vous vous occuperez de leurs be-
soins avec cette active sollicitude qui vous caractérise.

« Agréez, Monsieur le Maire, l'assurance de ma considération
très distinguée.

« COSSÉ-BRISSAC. »

(63) Nous soussignés le Maire de la ville de Dijon et le commandant de la garde nationale de la dite ville, certifions que le nommé
Hansohtter Wagmeister au régiment des chevau-légers de l'empereur d'Autriche, s'est présenté à neuf heures et demie du matin à
la porte Saint-Nicolas et que sur sa demande d'être introduit comme
parlementaire il a été amené à l'hôtel de ville escorté par un détachement de la garde nationale, que là il nous a sommés d'ouvrir
nos portes aux troupes de Sa Majesté impériale et royale et que
réponse lui a été faite que n'ayant pas de troupe de ligne dans nos
murs, nous étions dans l'impossibilité de nous. défendre, mais que
la ville n'ouvrirait ses portes qu'à une troupe qui serait au moins
de mille hommes

Nous soussignés, certifions en outre que nous n avons eu qu'à
nous louer de la conduite du dit Wagmeister.

Fait à l'hôtel de ville, le 19 janvier 1814, à dix heures du matin.

A onze heures le comte du Châtel, chef d'escadron, s'est présenté
à la même porte à la tête de deux cents hommes; il a été introduit et conduit à l'hôtel de ville : à sa sommation d'ouvrir les portes
aux troupes alliées, pareille réponse lui a été faite qu'au Wagmeister : le dit comte répondit qu'au lieu de mille hommes, il y en
avait huit mille et se retira en annonçant leur arrivée.

A midi le prince Gustave de Hesse-Hombourg, général major, entra à la tête de 800 hommes de cavalerie ; il fut suivi du comte de

Klenau, général major commandant quatre bataillons de grenadiers.

A deux heures le prince de Lichtenstein, lieutenant général commandant l'avant-garde, entra à la tête d'un corps, à la suite duquel arriva le général en chef prince héréditaire de Hesse-Hombourg; plusieurs bataillons de chasseurs traversèrent la ville jusqu'à cinq heures du soir.

DIJON, IMPRIMERIE DARANTIÈRE.

www.ingramcontent.com/pod-product-compliance
Ingram Content Group UK Ltd.
Pitfield, Milton Keynes, MK11 3LW, UK
UKHW022217070726
13613UKWH00004B/1717